BEI GRIN MACHT SICH IHR WISSEN BEZAHLT

- Wir veröffentlichen Ihre Hausarbeit, Bachelor- und Masterarbeit

- Ihr eigenes eBook und Buch - weltweit in allen wichtigen Shops

- Verdienen Sie an jedem Verkauf

Jetzt bei www.GRIN.com hochladen und kostenlos publizieren

GRIN

Marion Luger

Heide Wunder, Er ist die Sonn', sie ist der Mond. Frauen in der Frühen Neuzeit

Eine Geschlechtergeschichte im Rahmen der Historischen Anthropologie

GRIN Verlag

Bibliografische Information der Deutschen Nationalbibliothek:

Die Deutsche Bibliothek verzeichnet diese Publikation in der Deutschen National-
bibliografie; detaillierte bibliografische Daten sind im Internet über http://dnb.d-
nb.de/ abrufbar.

Impressum:

Copyright © 1999 GRIN Verlag GmbH
Druck und Bindung: Books on Demand GmbH, Norderstedt Germany
ISBN: 978-3-640-40942-6

Dieses Buch bei GRIN:

http://www.grin.com/de/e-book/135032/heide-wunder-er-ist-die-sonn-sie-ist-der-
mond-frauen-in-der-fruehen

GRIN - Your knowledge has value

Der GRIN Verlag publiziert seit 1998 wissenschaftliche Arbeiten von Studenten, Hochschullehrern und anderen Akademikern als eBook und gedrucktes Buch. Die Verlagswebsite www.grin.com ist die ideale Plattform zur Veröffentlichung von Hausarbeiten, Abschlussarbeiten, wissenschaftlichen Aufsätzen, Dissertationen und Fachbüchern.

Besuchen Sie uns im Internet:

http://www.grin.com/

http://www.facebook.com/grincom

http://www.twitter.com/grin_com

Wissenschaftstheorie I
Paradigmenwechsel in der Geschichte?

HEIDE WUNDER:

ER IST DIE SONN', SIE IST DER MOND.

FRAUEN IN DER FRÜHEN NEUZEIT.

EINE GESCHLECHTERGESCHICHTE IM RAHMEN

DER HISTORISCHEN ANTHROPOLOGIE.

Luger Marion

Sommersemester 1999

INHALTSVERZEICHNIS

I. EINLEITUNG - MERKMALE DER HISTORISCHEN ANTHROPOLOGIE

Im deutschen Sprachraum vollzog sich in den 1960er Jahren ein Paradigmenwechsel von der Ideen- und Politikgeschichte zur Historischen Sozialwissenschaft, und damit rückte die Beschäftigung der HistorikerInnen mit den Strukturen der Gesellschaft in den Vordergrund. In den achtziger Jahren begann sich eine weitere Veränderung abzuzeichnen. Die verstärkte Kritik an der struktural orientierten Historischen Sozialwissenschaft mit ihrer „Suche nach gesetzmäßigen Abläufen in der Geschichte"[1] und ihrem Verzicht auf die Betrachtung der AkteurInnen eröffnete ein neues Konzept in der Geschichtswissenschaft. Mit der Hinwendung der HistorikerInnen zum Individuum als Mitgestalter seiner Lebensbedingungen und zu dessen Elementarerfahrungen konstituierte sich eine neue Richtung: die Historische Anthropologie. Dieser Paradigmenwechsel sollte nicht nur die Behandlung von neuen Themenfeldern bewirken, sondern infolgedessen auch eine völlig neue Hermeneutik und Methodik mit sich bringen.[2]

Der Terminus „Anthropologie" bezeichnete bis dahin im deutschen Sprachraum menschliche Konstanten, die insbesondere unter dem Aspekt der Naturwissenschaften betrachtet wurden. Im Gegensatz dazu liegt der Schwerpunkt der Historischen Anthropologie jedoch auf dem Individuum, seinen (subjektiven) variablen Erfahrungen in verschiedenen Lebensbereichen (Elementarerfahrungen) und auf dem Wechselspiel zwischen den AkteurInnen und den jeweils vorherrschenden Lebensbedingungen.[3] Mit Gert Dressel gesprochen, stellt sie eine Anthropologie „menschlicher Möglichkeiten"[4] dar. Die genaueren Ansätze dieses Zugangs zur

---

[1] Gert Dressel: Historische Anthropologie. Eine Einführung. Mit e. Vorwort von Michael Mitterauer. - Wien/Köln/Weimar: Böhlau 1996, S. 66.
[2] Vgl. Dressel (1996), S. 62-71; Ernst Hanisch: Zum Stand der Theoriedebatte in der Geschichtswissenschaft. - In: Beiträge zur historischen Sozialkunde. Neue Entwicklungen in der Geschichtswissenschaft. Sondernummer 1997, S. 3; Hans Ulrich Wehler: Rückblick und Ausblick - oder: arbeiten, um überholt zu werden? - In: Beiträge zur historischen Sozialkunde. Neue Entwicklungen in der Geschichtswissenschaft. Sondernummer 1997, S. 9; Reinhard Sieder: „Alltag" - irdisches Elend oder analytische Perspektive? - In: Beiträge zur historischen Sozialkunde. Neue Entwicklungen in der Geschichtswissenschaft. Sondernummer 1997, S. 18.
[3] Vgl. Dressel (1996), S. 29-48; Gert Dressel: Historische Anthropologie. Die Historisierung menschlicher Elementarerfahrungen. - In: Beiträge zur historischen Sozialkunde. Neue Entwicklungen in der Geschichtswissenschaft. Sondernummer 1997, S. 22, 26.
[4] Dressel (1996), S. 59.

Geschichte werden in folgenden Punkten - vor allem direkt am Beispiel des gewählten Werkes - noch ausführlicher erläutert.

Die Historische Anthropologie sieht die Forschungsobjekte selbst als auf die oben genannten Einflüsse und Wechselwirkungen reagierende und in ihnen agierende Individuen. Gleichzeitig betrachtet sie auch den/die HistorikerIn als solches. Daher ist es wünschenswert, dass sich die ForscherInnen des eigenen Standpunktes und ihrer Kontextabhängigkeit bewusst werden.[5] Oder - anders formuliert - die Historische Anthropologie muss „ihre eigene kulturelle Perspektive zunächst einmal reflektieren, um die Perspektive der anderen - der von ihr Erforschten - erkennen zu können"[6]. Doch man sollte dabei berücksichtigen, dass das Erkennen der eigenen Standortgebundenheit noch nicht ausreicht, da auch die Gründe für die Entstehung derselben von Bedeutung sind. Gert Dressel empfiehlt deshalb allen HistorikerInnen (aber besonders jenen, die sich der Historischen Anthropologie verschrieben haben), ihre jeweilige Einstellung zum Forschungsgebiet den RezipientInnen ihrer Arbeit mitzuteilen, damit diese die Sichtweise des Autors/der Autorin nachvollziehen (und nötigenfalls zurechtrücken) können.[7]

---

5 Vgl. Dressel (1996), S. 26; Wehler (1997), S. 11.
6 Dressel (1996), S. 33.
7 Vgl. Dressel (1997), S. 33.

1. Exkurs - Die eigene Position

Da die oben angeführte Empfehlung ebenso für Arbeiten über Bücher im Rahmen der Historischen Anthropologie gelten sollte, möchte ich den LeserInnen meinen eigenen Standpunkt nicht vorenthalten.

Nachdem ich - aus reiner Neugierde - zwei Proseminare mit feministischem Schwerpunkt absolviert hatte, war mein Interesse für diesen - für mich bis dahin völlig neuen - Bereich der Geschichtswissenschaft geweckt. Als ich mich bewusst mit dem Feminismus auseinandersetzte, wurde mir klar, dass ich selbst in meiner Stellung als Frau und Studentin dazu beitragen kann, mit Hilfe der Wissenschaft Änderungen in der Gesellschaft bezüglich der Geschlechterverhältnisse herbeizuführen. Demzufolge kann ich Gert Dressel beipflichten, wenn er meint, dass die Frauengeschichte „gleichsam Teil der Frauenbewegung [ist], weil sie über das neue Interesse für weibliche Vergangenheiten auch einen identitätsstiftenden Charakter für Frauen der Gegenwart hat; darüber hinaus stellt sie mit ihren Arbeiten heutige Formen von gesellschaftlicher Ungleichheit zwischen den Geschlechtern und die aktuelle Praxis von Männlichkeit und Weiblichkeit in Frage"[8]. In Analogie zu Gert Dressel bin ich weiters der Meinung, dass erst explizit Verbalisiertes die RezipientInnen dazu auffordert, über gesellschaftliche Wandlungsprozesse nachzudenken.[9] Und vice versa ermöglicht natürlich erst eine Gesellschaft, in der Frauen zum Wissenschaftsbetrieb zugelassen sind, eine Diskussion innerhalb desselben. Da ich also beschlossen habe, meine Diplomarbeit dem Themenkreis „Frauen in der Frühen Neuzeit" zu widmen, lag die Entscheidung nahe, *das* Überblicksbuch zu diesem Fachgebiet einer wissenschaftstheoretischen Analyse zu unterziehen - Heide Wunders „Er ist die Sonn', sie ist der Mond".

---

[8] Dressel (1996), S. 303f.
[9] Vgl. Dressel (1997), S. 33. Aus diesem Grund bin ich auch Befürworterin des „Binnen-I" und danke Gert Dressel für die Berücksichtigung desselben. Die politische Relevanz von femininen Personenbezeichnungen zeigt sich sehr deutlich am Beispiel der Schweizerinnen. In den fünfziger Jahren wurde ihnen das Wahlrecht mit der Begründung verweigert, in der Verfassung der Schweiz, die nur maskuline Personenbezeichnungen kennt, sei festgeschrieben, dass „jeder Schweizer" stimmberechtigt sei. Vgl. Kreatives Formulieren. Anleitungen zu geschlechtergerechtem Sprachgebrauch 13 (1997), S. 31 (= Schriftenreihe der Frauenministerin)

II. HEIDE WUNDER - EINE SCHWEIGSAME VERTRETERIN DER HISTORISCHEN ANTHROPOLOGIE

Heide Wunder ist Professorin für Sozial- und Verfassungsgeschichte der Frühen Neuzeit an der Universität Gesamthochschule Kassel. Ihre Forschungsschwerpunkte sind die Geschichte der ländlichen Gesellschaft im späten Mittelalter und in der Frühen Neuzeit sowie die Geschlechtergeschichte in der Frühen Neuzeit.

Vor diesem Hintergrund lag es nahe, einen (bis dahin noch fehlenden) Überblick über den „hochkomplexe[n] gesellschaftliche[n] Prozeß, in dem 'Geschlecht' immer wieder neu definiert wird",[10] zu schaffen. Eine Motivation der Autorin mag also das Bedürfnis gewesen sein, diese Lücke zu füllen - eine Reflexion der eigenen Historizität unterbleibt jedoch. Dies ist umso verwunderlicher, als Wunder offensichtlich der Historischen Anthropologie nahe steht. „Er ist die Sonn', sie ist der Mond" dient Gert Dressel nicht nur als Beispiel für das typische Themenfeld der Historischen Anthropologie „Frauen - Männer - Geschlecht"[11], sondern wird von ihm auch dezidiert der „Historischen Volkskulturforschung" zugeordnet.[12] Darüber hinaus ist Heide Wunder Mitherausgeberin der Zeitschrift „Historische Anthropologie". Und nicht zuletzt zitiert Gert Dressel in seiner Bibliographie einen Aufsatz Heide Wunders, der u. a. auch die Historische Anthropologie zum Thema hat.[13]

Auch wenn Heide Wunder also weder ihre eigene Subjektivität noch den eigenen gesellschaftlichen Background oder ihren eigenen Standpunkt in der Forschung thematisiert, so spricht sie in der Einleitung „Frauen in der Geschichte der Frühen Neuzeit" zumindest ihre Intentionen und Ziele an. So sollten - über die Biographien herausragender Frauen hinaus - die Handlungsräume von Frauen der verschiedenen Stände vom 15. bis zum 18. Jahrhundert, die (gesellschaftlichen) Geschlechterbeziehungen und die soziale Ungleichheit dargestellt werden.[14]

In der Einleitung gibt Heide Wunder einen Überblick zur Historischen Frauenforschung, wobei deren Ergebnisse ihrer Ansicht nach noch zu wünschen übrig

---

[10] Heide Wunder: Er ist die Sonn', sie ist der Mond. Frauen in der Frühen Neuzeit. - München: Beck 1992, S. 9.

[11] Vgl. Dressel (1996), S. 101, Fußnote 84.

[12] Vgl. Dressel (1996), S. 254, Fußnote 53.

[13] Wunder Heide: Kulturgeschichte, Mentalitätengeschichte, Historische Anthropologie. - In: Van Dülmen Richard (Hg.): Fischer Lexikon Geschichte. - Frankfurt/Main 1990, S. 65-86. Zitiert nach Dressel (1996), S. 319.

[14] Vgl. Wunder (1992), S. 7f.

lassen. Wie die Autorin meint, besteht die „Schwierigkeit der Rezeption [...] zum einen darin, daß die feministische Wissenschaftskritik bisherige wissenschaftliche Identitäten infrage stellt, und zum anderen darin, daß sich die Ergebnisse dieser Forschung nicht einfach der herkömmlichen Darstellung von Geschichte anfügen lassen, für die 'Geschlecht' keine Kategorie für die Analyse historischer Prozesse war".[15]

Der Grund für die Wahl des Themas ist also der Mangel an umfassenden Darstellungen über die Wahrnehmung der Geschlechter und der Geschlechterbeziehungen.[16] Die Lösung für dieses Problem zeigt Heide Wunder selbst auf: Entsprechend den Merkmalen der Historischen Anthropologie vertritt sie die Auffassung, dass es unumgänglich ist, „nach den Vorstellungen und Verstehenshorizonten zu fragen, die die Menschen in verschiedenen Epochen zur Konstituierung von Welt, zur Welterhaltung und Welterklärung entwickelt haben".[17]

---

[15] Wunder (1992), S. 9.
[16] Vgl. Wunder (1992), S. 8f.
[17] Wunder (1992), S. 9.

III. „ER IST DIE SONN', SIE IST DER MOND" IM RAHMEN DES NEUEN PARADIGMAS

1. Das Thema

Wie bereits kurz angedeutet wurde, beschäftigt sich die Historische Anthropologie mit den Elementarerfahrungen des Menschen. Bei Letzteren handelt es sich um einen Terminus von Gert Dressel, der diesen anderen Begriffen, wie z. B. „Grundbefindlichkeiten des Menschen" vorgezogen hat, denn „[d]er Erfahrungsbegriff berücksichtigt sowohl die 'objektiven' Gegebenheiten als auch den subjektiven menschlichen Umgang damit, da Erfahrung und Kontext letztlich nicht zu trennen sind"[18]. Elementarerfahrungen betreffen alle Gebiete des Lebens und jeden einzelnen Menschen, werden aber aufgrund der verschiedenen äußeren und inneren Voraussetzungen immer unterschiedlich empfunden und erlebt. Daraus ergeben sich einige mittlerweile charakteristischen Themen der Historischen Anthropologie, wie Lebensphasen, Geburt und Tod, Konflikt, Raum und Zeit, Geschlecht, um nur einige der bei Gert Dressel angeführten Beispiele zu nennen.[19]

Nun stellt sich die Frage, inwieweit das Thema von Heide Wunders Buch „Er ist die Sonn', sie ist der Mond. Frauen in der Frühen Neuzeit" Elementarerfahrungen behandelt. Gert Dressel hebt zwar das - für Heide Wunders Werk charakteristische - Themenfeld „Frauen - Männer - Geschlecht" ausdrücklich hervor - das allein sagt jedoch noch nichts über den Umgang mit diesen Kategorien aus. Doch die Meinungen von Gert Dressel und Heide Wunder scheinen diesbezüglich weitgehend überein zu stimmen. So legen beide dar, dass auch „Geschlecht, die Ungleichheit zwischen Männern und Frauen, ein zentrales Strukturmerkmal aller gegenwärtiger und vergangener Gesellschaften und Kulturen ist [und] von den Historikern - und die Mehrheit der Historiker waren jahrzehntelang Männer - nicht wahrgenommen [wurde]"[20]. Weiters grenzt sich Heide Wunder definitiv von einer „Verlustgeschichte"[21] ab - vermutlich aus demselben Grund, den Gert Dressel anführt: „[E]ine Unterdrückungsgeschichte der Frauen [...] tradiert, provokant gesagt, das bürgerlich-

---

[18] Dressel (1996), S. 77.
[19] Vgl. Dressel (1996), S. 71-84.
[20] Dressel (1996), S. 95; Vgl. Wunder (1992), S. 7.
[21] Wunder (1992), S. 268.

männliche Frauenbild, das sie zu kritisieren gedenkt."[22] Zugleich will Heide Wunder ihr Werk ohne Zweifel als neue Zugangsweise innerhalb der Historischen Frauenforschung begriffen wissen - genau in jener Form, in der Gert Dressel diese definiert: Die Autorin legt Wert auf Selbstzeugnisse und Denk- und Lebensweisen besonders von nicht-aristokratischen Frauen.[23]

Der Unterscheidung der Frauen durch Gert Dressel nach Zeit, Ort und sozialem Status fügt Heide Wunder weitere notwendige Differenzierungen hinzu: „Der Blick auf die Frauen in der Gesellschaft der Frühen Neuzeit - auf die realen Lebensumstände sowie auf die normativen Setzungen, die ihr Leben leiten sollten - hat gezeigt, daß in der ständischen Gesellschaft die 'Kategorie Geschlecht' nicht die universelle Strukturierungskraft wie in der bürgerlichen Gesellschaft des 19. Jahrhunderts besaß. Bis weit in das 18. Jahrhundert hinein war die Wirksamkeit der Geschlechtszugehörigkeit nach Lebensalter, Zivilstand und sozialer Schicht gestuft."[24]

Die im Literaturverzeichnis von „Er ist die Sonn', sie ist der Mond" angeführten Werke zur Geschichte des Mittelalters und der Frühen Neuzeit stehen zum Großteil ebenfalls unter dem Einfluss der Historischen Anthropologie. Heide Wunder nennt etwa die AutorInnen/HerausgeberInnen Gisela Bock[25], Alain Corbin/Arlette Farge/Michelle Perrot[26], Philippe Aries/Georges Duby[27], Barbara Duden[28] etc., welche allesamt auch von Gert Dressel erwähnt werden.[29]

Die Auswahl des Themas von Heide Wunders Buch ist daher - unter Berücksichtigung oben genannter Tatsachen - eindeutig dem Paradigmenwechsel zuzuordnen.

---

[22] Dressel (1996), S. 99.
[23] Vgl. Dressel (1996), S. 97; Wunder (1992), S. 8f., 268.
[24] Wunder (1992), S. 264; Vgl. Dressel (1996), S. 98.
[25] Gisela Bock: Geschichte, Frauengeschichte, Geschlechtergeschichte. - In: Geschichte und Gesellschaft 14 (1988), S. 364-391; Zit. n. Wunder (1992), S. 300.
[26] Alain Corbin/Arlette Farge/Michelle Perrot u.a.: Geschlecht und Geschichte. Ist eine weibliche Geschichtsschreibung möglich? Hg. v. M. Perrot. - Frankfurt/Main 1989. Zit. n. Wunder (1992), S. 304.
[27] Philippe Aries/Georges Duby (Hg.): Geschichte des privaten Lebens. Bisher 3 Bde. - Frankfurt/Main 1989-1991. Zit. n. Wunder (1992), S. 296.
[28] Barbara Duden: Geschichte unter der Haut. Ein Eisenacher Arzt und seine Patientinnen um 1730. - Stuttgart 1987. Zit. n. Wunder (1992), S. 306.
[29] Vgl. Dressel (1996), S. 315, 319f.

2. Die Methode - Quellen und deren Darstellungsweise

Die VertreterInnen der Politik- und Ereignisgeschichte gingen meist den Weg von der Quelle zum Problem. Das heißt, die größtenteils schriftlichen Zeugnisse wurden ausgewertet, ohne eine zuvor bestimmte Frage an die Quelle gestellt zu haben. Umgekehrt macht es sich die Historische Anthropologie zur Aufgabe, menschliche Elementarerfahrungen zu erforschen und tritt somit von Anfang an mit einer bestimmten Fragestellung an die Quelle(n) heran. Dabei findet sowohl bisher weniger beachtetes überliefertes Material Berücksichtigung - wie beispielsweise autobiographische Zeugnisse - als auch bereits (unter anderem Aspekt) ausgewertete Quellen.[30]

So meint Heide Wunder in ihrem Werk „Eine Stadt der Frauen", dass „diese Quellen, die zum Teil schon von VertreterInnen traditioneller historiographischer Ansätze genutzt worden sind, mit neuen Interpretationsansätzen auch für neue Fragestellungen, für frauengeschichtliche im Besonderen und für historisch-anthropologische im Allgemeinen, neu 'zum Sprechen' gebracht werden können"[31]. Diese theoretische Aussage bestätigt die Autorin in „Er ist die Sonn', sie ist der Mond" selbst anhand eines Beispiels. So hinterfragt sie beispielsweise die Annahme Karl Büchers, die hohe Zahl alleinstehender erwerbstätiger Frauen in den großen Städten des späten Mittelalters sei eine „soziale Frage des Mittelalters". Hatte dieser angenommen, die außerhäusliche Erwerbstätigkeit von Frauen sei ein Zeichen dafür, dass Frauen wegen Männermangels unversorgt waren und daher ein soziales Problem darstellten, so dreht Heide Wunder den Spieß einfach um und kommt zu dem Schluss, dass alleinstehende Frauen gerade *kein* soziales Problem waren, solange sie ihren Unterhalt selbst erarbeiten konnten.[32]

Diejenigen WissenschaftlerInnen, die sich der Historischen Anthropologie verschrieben haben, interpretieren also einerseits bereits schriftlich Bearbeitetes neu, andererseits wird für sie alles von Menschen Hinterlassene und Verwendete zur potentiellen Quelle (Kleidungsstücke, Werkzeug, überliefertes Brauchtum); die Auswahl der teilweise neuen Quellentypen erfolgt je nach Problemstellung.

---

[30] Vgl. Dressel (1996), S. 193f.
[31] Dressel (1996), S. 196f.
[32] Vgl. Karl Bücher: Die Frauenfrage im Mittelalter. - Tübingen 1882. Zit. n. Wunder (1992), S. 190.

Selbstverständlich bleiben auch „klassische" Quellen wie Schriftgut oder Bilder nicht außer Acht; allerdings werden diese meist unter einer neuen Perspektive, nämlich jener der Fragestellung der ForscherInnen analysiert. Auch bei der Auswertung von schriftlichen Quellen ist das Problem der Standortgebundenheit von Bedeutung - es trifft speziell für die Historische Frauenforschung in besonderem Maße zu.[33] Die größte Schwierigkeit (und Herausforderung) für Letztere besteht nämlich vor allem darin, dass „bislang [...] die Geschichte der Menschheit als die Geschichte von Männern geschrieben worden [ist], ohne Rücksicht darauf, daß die historischen Erfahrungen von Männern und Frauen sehr unterschiedlich sind"[34].

Im Rahmen der Historischen Anthropologie wird also ein spezifischer Zugang zu den Quellen und somit eine neue Art der Methode praktiziert; nun soll geklärt werden, inwieweit Heide Wunders Buch diesbezüglich der Neuorientierung der Geschichtswissenschaft zuzuordnen ist.

Bei der Lektüre des Buches sticht sofort ins Auge, dass Heide Wunder eine Fülle von Materialien zitiert. Diese sind oft Selbstzeugnisse wie Gedenkbücher, Briefe, Autobiographien und Tagebücher; aber auch Zitate aus Chroniken, Flugschriften, Verordnungen sowie Gedichte, Sprichwörter und Leichenreden finden sich in reproduzierter Form wieder. Die Gründe für eine solche Vielfalt an schriftlichen Belegen werden zwar nicht dezidiert genannt, liegen jedoch klar auf der Hand: Einerseits besitzen sie Beweisfunktion, andererseits dienen vor allem autobiographische Schriften zur Veranschaulichung der Lebenssituationen von Frauen in der Frühen Neuzeit. Weiters zieht Heide Wunder zum Beispiel gleich am Beginn ihrer Ausführungen zwei völlig unterschiedliche Leichenpredigten aus dem 17. und dem 20. Jahrhundert zum Vergleich heran,[35] gleichsam um Gert Dressels Aussage zu untermauern, „[f]remd kann eben nicht nur das geographisch Ferne, fremd kann auch das zeitlich Ferne sein".[36] Und nicht zuletzt können durch die Angabe der Begleitumstände der Verfasserinnen - die Heide Wunder jedesmal pflichtbewusst erwähnt - subjektive Wahrnehmungen der Handlungsträgerinnen in einen konkreten räumlichen und zeitlichen Kontext eingeordnet werden, wie es die Theorie der

---

[33] Vgl. Dressel (1997), S. 32; Dressel (1996), S. 193f.
[34] Wunder (1992), S. 7.
[35] Vgl. Wunder (1992), S. 12-16.
[36] Dressel (1997), S. 26.

Historischen Anthropologie vorsieht.[37] So führt Heide Wunder praktisch vor Augen, was Gert Dressel theoretisch formuliert: „Geschichte gestaltet sich immer im Wechselspiel von jeweils vorgefundenen strukturellen Gegebenheiten (politischer, ökonomischer, sozialer usw. Art) und der jeweils strukturierenden Praxis (Deutungen und Handlungen) der Akteure (Individuen und soziale Gruppen); diese gestalten - ob bewußt oder auch nicht - ihren eigenen Biographieverlauf, ihre Lebensbedingungen wie auch Kultur und Gesellschaft immer mit."[38]

Neben oben genannten schriftlichen Quellen enthält Heide Wunders Buch auch 75 Abbildungen, teilweise als Faksimile. Diese dienen zum einen als Beleg der zitierten Textstellen,[39] zum andern soll damit vermutlich der Stellenwert hervorgehoben werden, den Elementarerfahrungen wie Familie, Ehe, Geschlechterbeziehungen usw. in der Malerei besitzen. Zusätzlich verdeutlichen die Illustrationen, in welcher Form diese Themenfelder dargestellt sind und wie sehr sich dieser Blick von gegenwärtigen Betrachtungen unterscheidet. Da die Abbildungen sowohl als Beleg für angeführte Sachverhalte als auch kontextunabhängig in den Text integriert sind, wird die Pluralität der Lebensformen von frühneuzeitlichen Frauen (und Männern) noch unterstrichen.

Die Bilder sind laut Abbildungsverzeichnis[40] den unterschiedlichsten Quellen entnommen. Sie entstammen zum Teil dem Kunsthandwerk, (Kunst-) Museen aus ganz Europa und aus Übersee, Pfarrmatrikeln und Flugschriften, zum Teil aus Büchern des äußerst umfangreichen Quellen- und Literaturverzeichnisses.[41] Letzteres umfasst u. a. Literatur der Natur-, Sozial- und Ernährungswissenschaft, Demographie, Theologie, Kunstgeschichte, Recht, Geschichte (wobei der Schwerpunkt wiederum auf Werken liegt, die sich einwandfrei der Historischen Anthropologie zuordnen lassen) sowie Nachschlagewerke wie Lexika und Atlanten; und diese Primär- und Sekundärquellen scheinen die wesentliche Grundlage für „Er ist die Sonn', sie ist der Mond" zu bilden. Insofern kommt zwar das interdisziplinäre Prinzip der Historischen Anthropologie zur Geltung; da jedoch bis auf wenige Ausnahmen[42] sogar auf eine Interpretation von bildlichen Darstellungen verzichtet wird, kann von einem

---

[37] Vgl. Dressel (1997), S. 31.
[38] Dressel (1997), S. 27.
[39] Vgl. zum Beispiel Wunder (1992), S. 20.
[40] Vgl. Wunder (1992), S. 352.
[41] Vgl. Wunder (1992), S. 296-351.
[42] Vgl. zum Beispiel Wunder (1992), S. 196.

Aufgreifen neuer Quellengattungen kaum die Rede sein. Ein unterschiedlicher Zugang zu den (Primär- und Sekundär-) Quellen lässt sich jedoch insofern feststellen, als die Geschichte der Frauen in der Frühen Neuzeit aus Büchern zu anderen Themen zusammengestellt wurde. Der Zugang zu den Quellen war demnach einer neuen Fragestellung unterworfen.

Im Gegensatz sowohl zur Ideen- und Politikgeschichte als auch zur Historischen Sozialwissenschaft verwendet die Historische Anthropologie also neue Forschungsobjekte, Themen, Fragestellungen und Quellenzugänge. Diese neue Art der Methode verlangt daher fast zwangsläufig auch nach einer anderen Form der Darstellung. Nach Gert Dressel geht die Historische Anthropologie von „komplexen, nicht überzeitlich und überörtlich zu denkenden historischen Wirkungszusammen-hängen aus"[43]. Aus diesem Ansatz ergibt sich für die WissenschaftlerInnen meist die Beschäftigung mit einem eher kleinen Gebiet, sei dieses nun nach Raum, Zeit oder Aspekten eingegrenzt.

Diese Kriterien scheinen für Heide Wunders Werk zunächst nicht zuzutreffen - der Zeitraum umfasst etwa vier Jahrhunderte (15.-18. Jahrhundert), räumlich betrifft das Buch den gesamten deutschsprachigen Raum sowie Frankreich, und das Thema lässt sich nicht auf eine bestimmte Gruppe von Frauen beschränken. Allerdings entspricht das Buch somit (beinahe) wortwörtlich den Kriterien der Historischen (Volks-) Kulturforschung (der es auch - wie bereits erwähnt - von Gert Dressel zugeordnet wurde). So nennt Heide Wunder zahlreiche konkrete (Handlungs-)Räume von Frauen und kehrt die Wechselwirkungen zwischen den Geschlechtern ebenso hervor wie deren eigenmächtiges Agieren.[44]

Außerdem verweist die im Titel „Er ist die Sonn', sie ist der Mond" angedeutete Komplementarität bereits auf die im Buch behandelten Geschlechter-beziehungen, grenzt somit das Themengebiet ein und bestätigt zugleich eine der Hauptthesen Heide Wunders, die besagt, dass Männer und Frauen in der Frühen Neuzeit unabdingbar aufeinander angewiesen waren, wenn es darum ging, einen Platz in der Gesellschaft und wirtschaftliche Sicherheit zu erringen. Erst die Ehe und der Familienverband begründeten laut Heide Wunder die soziale Existenz von beiden, boten Arbeitsplatz und Anerkennung durch die Mitmenschen.[45]

---

[43] Dressel (1996), S. 186.
[44] Vgl. Dressel (1996), S. 250, 256.
[45] Vgl. Wunder (1992), S. 45, 58f.

Weiters ist das Buch gegliedert in Wahrnehmungen und Altersvorstellungen über und von Frauen, den (nicht unbedingt notwendigen) Zusammenhang von Ehe und Arbeit, Empfindungen über den weiblichen Körper (die sich nicht immer positiv auswirkten, wie Heide Wunder anhand der als Hexen Beschuldigten aufzeigt) und in unterschiedliche Handlungsbereiche von Frauen. Durch diese konkreten Aspekte wird einerseits das Forschungsgebiet überschaubarer gemacht, andererseits veranschaulicht Heide Wunders Methode der Quellendarstellung, wie es vermieden werden kann, Strukturgeschichte zu schreiben, und stattdessen eine „Anthropologie der Möglichkeiten“[46] in die Tat umzusetzen. Indem die Autorin häufig Überlieferungen aus den unterschiedlichsten Städten und Dörfern des deutschsprachigen Raumes heranzieht und anhand dieser Beispiele zugleich (Elementar-) Erfahrungen und Handlungsspielräume von Frauen aufzeigt,[47] schreibt sie „Geschichten statt Geschichte“.[48] Zugleich verdeutlicht die durchgehende Differenzierung der frühneuzeitlichen Frauen nach sozialem Status, Beruf, Religionszugehörigkeit, Zivilstand usw., dass „nicht primär die 'Kategorie Geschlecht', erst der Bezug auf die jeweiligen Strukturen der Statusgruppen [...] Aufschlüsse über die Handlungs-möglichkeiten [gibt]“.[49]

Als einen Mangel im Hinblick auf die Historische Anthropologie könnte man beim zu analysierenden Werk kritisieren, dass Darstellungen von Lebensformen von Frauen der sozialen Randgruppen, wie Prostituierte, Bettlerinnen, Taglöhnerinnen u. ä. kaum Beachtung finden. Allerdings muss berücksichtigt werden, dass aufgrund der Quellenlage kein detailliertes Bild der (Elementar-) Erfahrungen der Unterschichten möglich ist, da Bevölkerungsgruppen mit niedrigem Sozialstatus bis ins 19. Jahrhundert hinein meist AnalphabetInnen waren. Abgesehen davon, dass auch Quellen sozialer Eliten über solche Frauen eher spärlich vorhanden sind, stehen die Inhalte dieser wenigen Zeugnisse sicherlich in krassem Gegensatz zum Selbstverständnis der an den Rand der Gesellschaft gedrängten Frauen, da z. B. Gerichtsakten in den meisten Fällen kein gutes Licht auf die Betroffenen werfen.[50]

---

[46] Dressel (1996), S. 158.
[47] Vgl. zum Beispiel Wunder (1992), S. 227, 230f. usw.
[48] Dressel (1996), S. 185.
[49] Wunder (1992), S. 240.
[50] Vgl. Dressel (1996), S. 183. Um einen Eindruck vom Gegensatz der Selbst- und Fremd-einschätzung zu bekommen, sei auf Reinhard Sieder verwiesen, der dies anhand der unterschiedlichen Wahrnehmung von Kindern und Erwachsenen demonstriert hat. Zit. n. Dressel (1996), S. 104.

Heide Wunder beschränkt sich in ihrer Darstellung also auf Frauen, die selbst Zeugnisse hinterlassen haben oder zumindest in Demographien fassbar werden - ob dies als Mangel oder aber als notwendige Einschränkung zu werten ist, sei dahingestellt.

3. Weitere Kriterien der Historischen Anthropologie

Heide Wunders Buch erfüllt zweifellos viele Kriterien, um der Richtung der Historischen Anthropologie zugeordnet zu werden; in vorhergehenden Punkten waren sowohl bezüglich des Themas als auch der Darstellungsweise sowie (mit einigen Vorbehalten) des Zugangs zu den Quellen Übereinstimmungen mit Ansichten dieser Forschungsrichtung sichtbar gemacht worden. Ein weiteres Argument dafür ist die Tatsache, dass Heide Wunder alle von Gert Dressel (im Inhaltsverzeichnis[51]) genannten Themenfelder zumindest anschneidet (mit Ausnahme der Beziehung zwischen Mensch und Umwelt [Natur]). Im Folgenden sollen die (bei Heide Wunder) am ausführlichsten zur Sprache Kommenden kurz thematisiert werden: Familie, Lebensphasen, Geburt und Tod, Körper, Religion, Sexualität, Arbeit und Konflikt. Dass die Darstellung des „Innenlebens der Menschen"[52] ein Hauptanliegen des Buches ist, wurde bereits ausführlich erläutert.

Heide Wunder überprüft beispielsweise Thesen der Historischen *Familien*forschung, indem sie u. a. darstellt, dass die „Emanzipation vieler kleiner Haushalte ('Familienwirtschaften') aus den älteren Großhaushalten"[53] bereits seit dem 11./12. Jahrhundert von sich ging und entlarvt auch an einigen anderen Stellen den „Mythos" von der „vorindustriellen Großfamilie".[54] Dabei zeigt sie auf, wie (zumindest) drei unterschiedliche Zugangsweisen nebeneinander bestehen können, um eine komplexere Sichtweise der Vergangenheit einzubringen. Häufig untermauert sie ihre Thesen mit Hilfe der „harten Fakten" der Historischen Demographie;[55] zugleich lässt sie Frauen u. a. über deren Gefühle zu ihren Kindern sprechen und gibt anhand eines Beispieles außerdem zu bedenken, dass es auch enge Beziehungen zwischen

---

[51] Vgl. Dressel (1996), S. 5.
[52] Dressel (1996), S. 145.
[53] Wunder (1992), S. 264.
[54] Dressel (1996), S. 90.
[55] Vgl. Wunder (1992), S.158, 168, 174-177.

Männern und Kindern gab.[56] Um die materielle Situation der frühneuzeitlichen Frauen beschreiben zu können, lässt die Autorin schließlich auch den ökonomischen Aspekt nicht außer Acht.[57]

VertreterInnen der Historischen Anthropologie haben aufgezeigt, dass die einzelnen *Lebensphasen* - Kindheit, Jugend, Alter - nicht zu allen Zeiten gleich empfunden wurden bzw. nicht punktuell auf ein bestimmtes Alter festgelegt waren. So spielte laut Heide Wunder die Tatsache eine Rolle, dass bis ins 17. Jahrhundert hinein viele Menschen ihr genaues Alter oft gar nicht kannten und daher oft das äußere Erscheinungsbild den Ausschlag gab. Dennoch lassen sich gewisse Lebensabschnitte konstatieren, die Heide Wunder in ihrem Buch eingehend erläutert. Sie fügt dabei der Differenz zwischen den Generationen jene der Geschlechter hinzu und erklärt anhand eines zeitgenössischen Gedichtes zur Lebensleiter, was es für frühneuzeitliche Frauen im Unterschied zu Männern bedeutete, in einer bestimmten Lebensphase zu stehen, und *Geburt und Tod* anderer mitzuerleben.[58]

Diese beiden wesentlichen Elementarerfahrungen erlebten Frauen häufig in ein- und denselbem Moment - bei der Entbindung. Welche Empfindungen sie dabei hatten und wie ihr Bewusstsein über den eigenen *Körper* aussah, wird ebenso thematisiert wie das Faktum, dass Frauen aller Stände sich der Gefahren von Schwangerschaft und Geburt nur allzu bewusst waren und daher Zuflucht in der *Religion*, aber auch im Volksglauben suchten.[59]

Diesen Aberglauben versuchten die VertreterInnen der Reformation einzudämmen, ebenso wie die Geschlechterbeziehungen kontrollierbar gemacht werden sollten, indem kein anderer legitimer Ort für *Sexualität* als die Ehe zugelassen wurde. Obwohl diese Forderungen selbstverständlich nicht überall durchgesetzt werden konnten, macht Heide Wunder deutlich, dass eine Heirat für Frauen (wie für Männer) in der Frühen Neuzeit erstrebenswert war: „Eine Frau wurde erst durch die Eheschließung zu einer 'richtigen' Person, die im Hause eine Autorität gegenüber Gesinde und Kindern darstellte, die die Einkünfte des Ehemannes sorgfältig verwaltete und in ihrer Arbeit unersetzlich war."[60]

---

[56] Vgl. Wunder (1992), S. 25.
[57] Vgl. zum Beispiel Wunder (1992), S. 180ff.; Dressel (1996), S. 89-92.
[58] Vgl. Wunder (1992), S. 34, 36; Dressel (1996), S. 102-113.
[59] Vgl. Wunder (1992), S. 159; Dressel (1996), S. 136-140, 113-118.
[60] Wunder (1992), S. 76; Vgl. auch Wunder (1992), S. 74, 159; Dressel (1996), S. 140-144.

Allerdings gelang die „Emanzipation" aus der Feudalherrschaft nur dem Ehe-
und *Arbeits*paar. Konsequenterweise übten Frauen u. a. auch zur Zeit der
Bauernkriege - entweder auf eigene Verantwortung oder gemeinsam mit ihren
Männern - Widerstand gegen die Obrigkeit und scheuten keinerlei
*Konflikt*situationen.[61]

---

[61] Vgl. Wunder (1992), S. 98, 230-241; Dressel (1996), S. 119-127.

IV. ZUSAMMENFASSUNG

Anhand der oben erwähnten - stark vereinfachten - Thesen zeigt sich, wie Frauen und Männer damals wie heute mit- und gegeneinander agierten. Weiters hat Heide Wunder ausführlich dargestellt, dass weder Ehe, noch Weiblichkeit und Männlichkeit anthropologische Konstanten sind. Doch warum erlangt diese Feststellung gerade heute so große Bedeutung? Die Antwort finden wir bei Gert Dressel. Nach ihm hat die Historische Anthropologie gesellschaftliche Relevanz, indem ihre Themen die wichtigsten gesellschaftlichen Wandlungsprozesse am Ende des 20. Jahrhunderts beleuchten.[62] Gerade anhand von Heide Wunders Buch lässt sich hervorragend zeigen, dass die Historische Anthropologie in der Lage ist, einen Gegenwartsbezug herzustellen und Antworten auf Fragen zu geben, welche die oben genannten Wandlungen in unserer Gesellschaft aufgeworfen haben. So wecken speziell die neuen Formen der Geschlechterbeziehungen die Neugier auf jene in der Frühen Neuzeit; dies ist jedoch auch mit vielen anderen Themen der Historischen Anthropologie (z. B. mit dem Umgang mit Sexualität) der Fall. Heide Wunders Arbeit soll also einerseits einen Dialog zur heutigen Zeit herstellen, indem sie die Handlungsräume von Frauen in der Frühen Neuzeit rekonstruiert. Auf der anderen Seite werden die großen Unterschiede zum heutigen Selbstverständnis von Frauen (und Männern) nur allzu deutlich. Der Blick auf das „Fremde" ermöglicht gleichzeitig eine distanzierte Sichtweise der heutigen Geschlechterbeziehungen, da erst die Kenntnis des „anderen" Vergleiche und neue Perspektiven entstehen lässt. Gert Dressel sieht darin eine der Funktionen der Historischen Anthropologie, und ihre Erfüllung in „Er ist die Sonn', sie ist der Mond" ist ein weiterer Beweis dafür, dass das Buch von dieser Richtung der Geschichtswissenschaft beeinflusst ist.[63]

Der einzige Punkt, der nicht mit den Ansichten der Historischen Anthropologie konform geht, ist, wie bereits in Kapitel II angedeutet, die fehlende Reflexion der eigenen Perspektive durch die Autorin. Da Heide Wunder mehrere Werke zur Frauengeschichte publiziert hat, wäre es denkbar, dass sie in einer dieser Arbeiten bereits ihren eigenen Standpunkt kundgetan hat und dies in der Folge nicht

---

[62] Vgl. Wunder (1992), S. 264; Dressel (1996), S. 98, 100; Dressel (1997), S. 33.
[63] Vgl. Dressel (1996), S. 180-184.

mehr für notwendig hielt. Dies wäre umso bedauerlicher, da die Darlegung der eigenen Standortgebundenheit *jede* Interpretation beeinflusst.

Das Buch selbst ist aus den oben genannten Grunden einwandfrei der Forschungsrichtung der Historischen Anthropologie zuzuschreiben, und es steht unzweifelhaft fest, dass Heide Wunder sich des Paradigmenwechsels bewusst war.

V. LITERATURVERZEICHNIS

Dressel, Gert: Historische Anthropologie. Eine Einführung. Mit e. Vorwort von Michael Mitterauer. - Wien/Köln/Weimar: Böhlau 1996.

Dressel, Gert: Historische Anthropologie. Die Historisierung menschlicher Elementarerfahrungen. - In: Beiträge zur historischen Sozialkunde. Neue Entwicklungen in der Geschichtswissenschaft. Sondernummer 1997, S. 22-38.

Hanisch, Ernst: Zum Stand der Theoriedebatte in der Geschichtswissenschaft. - In: Beiträge zur historischen Sozialkunde. Neue Entwicklungen in der Geschichtswissenschaft. Sondernummer 1997, S. 3-8.

Sieder, Reinhard: „Alltag" - irdisches Elend oder analytische Perspektive? - In: Beiträge zur historischen Sozialkunde. Neue Entwicklungen in der Geschichtswissenschaft. Sondernummer 1997, S. 13-22.

Wehler, Hans Ulrich: Rückblick und Ausblick - oder: arbeiten, um überholt zu werden? - In: Beiträge zur historischen Sozialkunde. Neue Entwicklungen in der Geschichtswissenschaft. Sondernummer 1997, S. 9-12.

Wunder, Heide: Er ist die Sonn', sie ist der Mond. Frauen in der Frühen Neuzeit. - München: Beck 1992.